3.00

vivre au bord du Nil

ÉDITEUR

ÉDITIONS DE LA PIBOLE

Le Gué à Chanvre - Guérard
77580 - Crécy-la-Chapelle
tél. : 404-70-86 et 404-73-18

directrice de la collection :
MARIE-CHANTAL SAINT GIRONS

RÉALISATEUR

STUDIO JEANNE-MARIE FAURE
scénario :
PIERRE DHOMBRE
illustrations :
MARIE GARD
maquette :
FRANCIS FRÉON

Dépôt légal : 2ᵉ trimestre 1979.
ISBN 2.864.17.005-1

°RÉ : DIEU DU SOLEIL.

EN ROUTE VERS LA MAISON DE SESHEN LES DEUX JEUNES FILLES TRAVERSENT LA CAMPAGNE DÉSOLÉE...

C'est gentil de m'apporter cela. Depuis la sécheresse; je ne mange que du poisson. Je vous donnerai des oignons en échange.

Papa dit que si le Nil ne montait pas on n'aurait plus du tout à manger, c'est vrai ?

Amon° se cache encore... mais le jour où il va réapparaître, tout revivra. Mon père est parti vérifier les canaux pour le jour de l'inondation.

°AMON: DIEU DE THÉBES

Il voudrait aller travailler avec les artisans de la Place de vérité...

Ah oui ? Eh bien je l'emmènerai.

°ARTISANS QUI TRAVAILLENT AUX TOMBEAUX ROYAUX.

ET QUELQUES JOURS APRÈS...

Si le Nil continue à baisser je ne pourrai bientôt plus passer avec ma barque.

5

EN EFFET LES OUVRIERS SONT EN GRÈVE.

LE VIZIR, PREMIER MINISTRE DE PHARAON, EST L'UN DES HOMMES LES PLUS IMPORTANTS DU PAYS. SOUS SON ORDRE, LES GRENIERS DES TEMPLES S'OUVRIRONT ET LES OUVRIERS OBTIENDRONT SATISFACTION. AUSSI, LES ESPRITS SE CALMENT UN PEU...

NEFER AMÈNE L'ENFANT AU CHEF DES PEINTRES...

Je veux commencer tout de suite!

Non! Tu iras d'abord à l'école. Nous ne sommes pas des paysans, nous. Nous devons savoir lire.

CHAQUE MATIN DANS LE SECRET DU TEMPLE, LES PRÊTRES MULTIPLIENT LES OFFRANDES À AMON, DIEU DE LA VILLE.

On dit que dans les temps anciens le Nil n'est pas venu inonder la plaine. Presque tous les animaux sont morts. Mais aussi les hommes et même les petits enfants.

Qu'allons-nous devenir ?

UN JOUR, ENFIN, LE PÈRE DE NEFER REVIENT DE SA TOURNÉE D'INSPECTION...

Regarde, ma fille! L'étoile Sôpdit est dans le ciel. Et le Nil commence à gonfler. Amon le caché est revenu.

Et avec lui la vie de notre vallée va renaître !

DEUX MOIS APRÈS LE DÉBUT...

Portons nos offrandes à nos dieux. Mais dis Nefer, pourquoi me caches-tu ce que tu a sous le bras.

Comme ça quand je lui demanderai quelque chose elle m'entendra.

Où se trouve la Déesse Hathor ?

La déesse de la musique, de la joie, de l'amour... Hathor se trouve là-bas!

Ta mère aussi avait fait la même chose quand elle était jeune fille. Et la déesse l'avait entendue

LE SOIR VENU IL RENTRE...

Tu ne manges pas? Tu n'as pas faim?

Toutes ces fêtes me font penser à ta mère... Pourquoi est-elle partie si vite vers la montagne d'occident°?

°MONTAGNE DES MORTS.

10

Avec l'eau les jardins chantent.

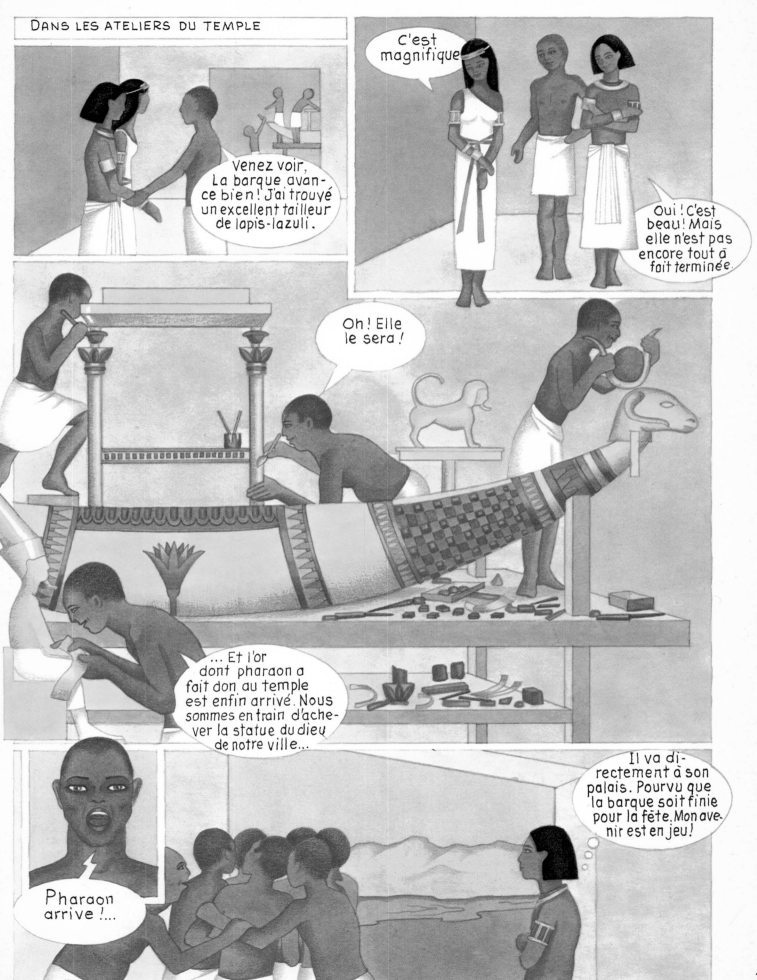

AU PASSAGE DU DIEU LES EGYPTIENS POSENT DES QUESTIONS...

Amon! Vie, Santé, Force! Les récoltes seront-elles bonnes?

Amon, Vie Santé, Force t'a répondu. Il a fait pencher sa barque vers le Nil. Ta récolte sera bonne.

DURANT LA FÊTE, AMON REND VISITE AUX "DIEUX DE L'OUEST." (LES PHARAONS MORTS QUI SONT ENTERRÉS À L'OUEST DE LA VILLE.) C'EST POUR CHACUN L'OCCASION DE RENDRE VISITE À SES PROPRES DÉFUNTS EN LEUR APPORTANT DES OFFRANDES...

A ton ka° ma tendre épouse...

°LE KA: C'EST L'ESPRIT TOUJOURS BIEN VIVANT DU MORT. C'EST UNE SORTE DE DOUBLE SPIRITUEL, D'ÂME

À LA SORTIE DE LA TOMBE LA FAMILLE DE NEFER RENCONTRE UN AMI DE SON FRÈRE: TOUI.

Demain Pharaon organise une grande revue de soldats dans son palais... Avec des combats!

Voir des soldats! Ça ne me dit rien!

Oh! Si! Moi, je veux y aller!

18

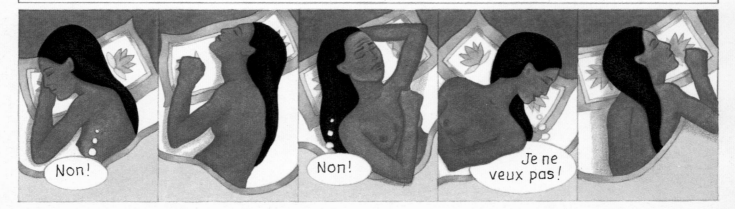

Je ne suis pas tranquille, Tamit. Toute la nuit j'ai fait des mauvais rêves. Tu vas m'accompagner à la maison de Vie°

° C'est dans le temple le lieu où se trouvent les savants.

J'irai voir un interprète pour savoir le sens de tous ces rêves. Tu prendras un canard pour le payer. Et tu m'attendras à l'entrée du temple

Donc, si je comprends bien, parmi tous ces rêves, c'est celui où l'on vous arrachait les dents qui vous inquiète le plus?...

On ne m'arrachait pas les dents ! Mes dents tombaient toutes seules !

Je vais vous donner la recette pour effacer toutes les images qui sont encore dans votre tête!

Vous allez prendre du pain mélangé à de l'herbe et de la bière... Vous y ajouterez de l'encens et vous vous en mettrez sur tout le visage.

Mais je veux savoir!

Dites-moi ce que ce rêve signifie?

Notre science est difficile. Nous nous trompons parfois...

Mais nous avons observé que souvent... les personnes qui rêvent qu'elles perdent les dents... perdent parfois par la suite quelque chose ou quelqu'un qui leur est cher...

21

Votre père est de retour. Il est revenu plus tôt que prévu... Il est malade. J'ai voulu lui donner un peu de bière fraîche. Il n'en a pas voulu !

Je vais aller chercher un magicien. Ils connaissent les formules qui éloignent tous les dangers !

MAIS C'EST INUTILE...

Mon père a atteint l'autre rive. Il est parti pour la montagne d'occident.

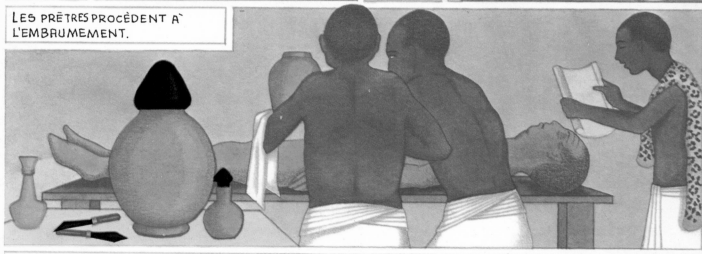

LES PRÊTRES PROCÈDENT À L'EMBAUMEMENT.

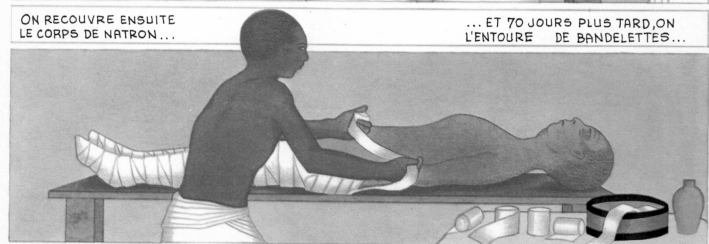

ON RECOUVRE ENSUITE LE CORPS DE NATRON...

...ET 70 JOURS PLUS TARD, ON L'ENTOURE DE BANDELETTES...

PUIS ON HABILLE LA MOMIE DE SES BIJOUX ET ON PLACE ENTRE SES JAMBES LE LIVRE DES MORTS, INDISPENSABLE POUR UN BON VOYAGE DANS L'AUTRE MONDE...

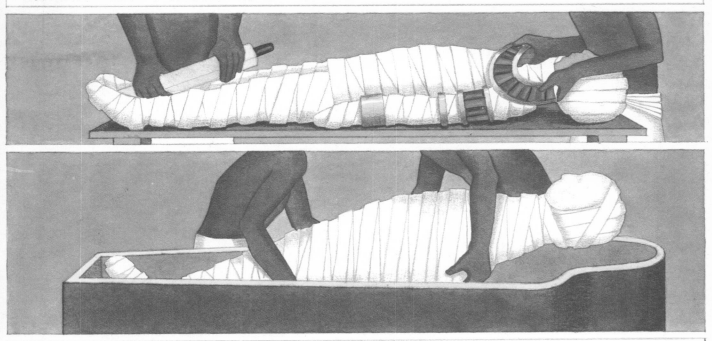

PUIS LE CONVOI FUNÈBRE S'ÉBRANLE

Je suis ta fille! Père ne me délaisse pas. Toi qui aimais jouer avec moi, toi qui aimais me parler, tu te tais!

Il était bon! Rare-ment, il nous a battus

Et il était juste!

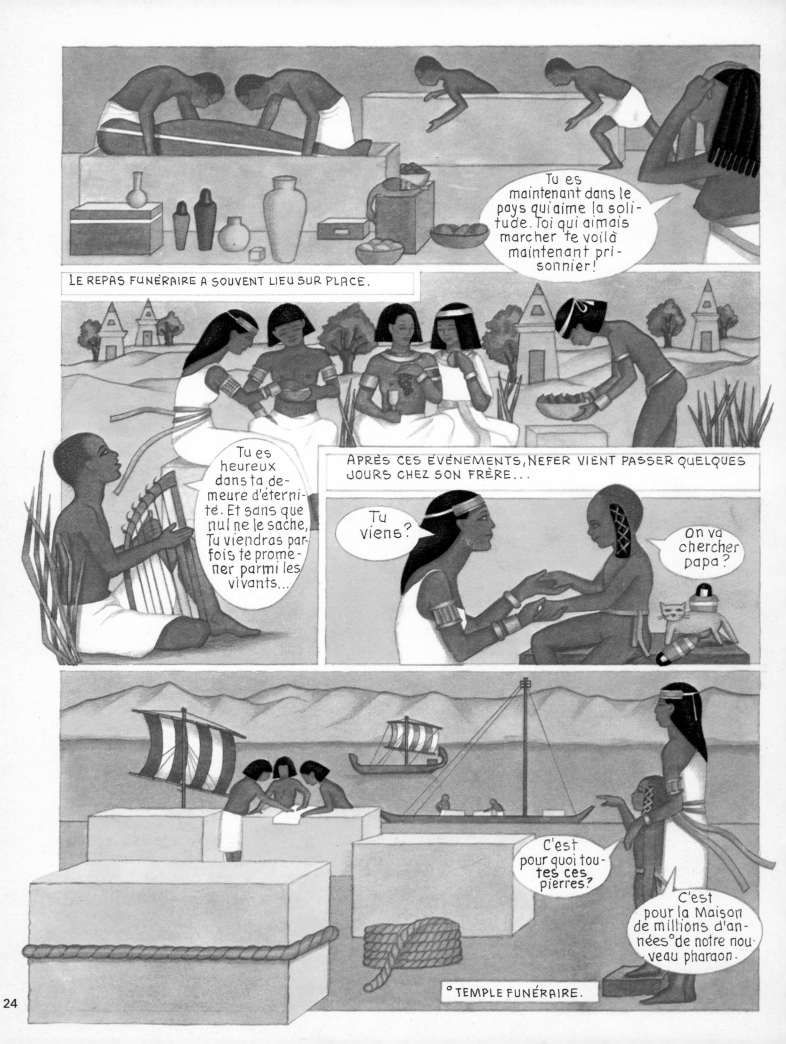

LE REPAS FUNÉRAIRE A SOUVENT LIEU SUR PLACE.

APRÈS CES ÉVÉNEMENTS, NEFER VIENT PASSER QUELQUES JOURS CHEZ SON FRÈRE...

° TEMPLE FUNÉRAIRE.

25

Il fait des progrès! Il sait déjà plus de 200 mots!

S'il continue, il sera bientôt peintre. Il prétend même qu'on lui donnera à peindre les tombes royales

Bonjour Seshen! Et que devient ton fils, le petit peintre?

Vous achèterez du vin du Delta et vous apporterez des gâteaux au miel. Je ne connais personne qui les réussisse mieux que toi, Chedou

ET LE JOUR DU FESTIN ARRIVE.

C'est Toui et ses amis!

Bienvenue! Bienvenue! En vie, santé, force!

Que la grâce d'Amon soit dans ton cœur! Qu'il te donne une heureuse vieillesse! Tes lèvres sont saines! Ton œil voit loin! Tu es habillé de lin. Ta bouche est pleine de vin et de bière, de pain, de viande et de gâteaux!

Quelle joie d'être avec toi! Tu as choisi pour nos têtes les meilleurs de tes parfums!

26

29

+ 2 000

+ 1 500

+ 1 000

+ 500

0

— 500

— 1 000

— 1 500

— 2 000

NAISSANCE
DE JÉSUS-CHRIST

L'EGYPTE
DES PHARAONS

OU

Imaginons la terre comme un puzzle
Et à l'extrêmité nord-est du continent
africain, un grand trou à compléter...
Où mettre les trois pays et les deux
mers qui nous restent ? Tout au nord
de l'Egypte, nous placerions la Méditerranée. A l'est, Israël et la Mer
Rouge. Au sud, le Soudan. Et à
l'ouest, la Libye.
Elle a une drôle d'allure notre Egypte!
C'est un immense désert sillonné par
un fleuve lui aussi immense : le Nil.
On distingue facilement deux parties
dans le Nil. Au nord, le delta qui
ressemble à une corolle. Et au des-
sous, une tige de plus de 800 km...
Le Nil est la fleur du désert d'Egypte!
A l'endroit précis où cette tige ouvre
ses pétales, la capitale actuelle : Le
Caire. Faisons quelques pas au sud
du Caire et nous trouvons Memphis,
première capitale des pharaons.

QUAND

Quand l'homme apparut sur terre il
y a quelques 3 millions d'années, il
ne savait pas faire grand chose ! Mais
il savait modifier la forme d'un galet
pour en faire un outil un peu tran-
chant, une sorte de couteau grossier.
Et c'était le signe de son intelligence.
Il lui fallut des centaines de milliers
d'annéés pour réaliser d'autres progrès... Et un jour, des milliers de petits progrès aboutirent à la naissance
de grandes civilisations ! C'était pres-
qu'hier ! Il y eut entre 5 000 ans et
3 000 ans avant Jésus-Christ, quatre
grands foyers de civilisation. Dans la
plaine de la Mésopotamie : les Sumé-
riens. Sur les bords du Nil : les Egyptiens. Au Pakistan : la civilisation de
l'Indus. Et le long du Houang-Ho :
les Chinois. Commencée vers 3200
avant Jésus-Christ sous le règne du
pharaon Ménès, la civilisation égyptienne s'éteint 30 ans avant la naissance de Jésus-Christ, avec le suicide
de Cléopâtre, dernière reine d'Egypte...

VIE&MORT d'une CIVILISATION

Les pays qui composent le monde ressemblent un peu à une grande famille. Il y a des enfants jeunes, des parents, des grands-parents et des cousins plus ou moins âgés dont on a un peu perdu la trace...
Chacun de ces pays a apporté au monde quelque chose d'original. Pour savoir ce qu'ont fait les hommes de l'Egypte ancienne, il nous suffit d'ouvrir le grand cahier de pierre et de papyrus qu'ils nous ont laissé et de le déchiffrer.

La naissance

Un pays ne naît pas du jour au lendemain ! Il y a 9000 ans, l'Egypte n'existait pas. Il n'y avait le long du Nil que des villages éparpillés. Certains de ces villages se développèrent. Leurs chefs devinrent des rois. Peu à peu, certains de ces rois devinrent puissants, ils établirent leur règne sur toute une région...
Et il y eut ainsi vers 4000 avant Jésus-Christ, deux grands royaumes, l'un au Nord, l'autre au sud. Mais d'Egypte, point !
Ce fut Ménès, un roi du sud, qui selon la légende unifia le pays vers 330 avant Jésus-Christ. Il n'y eut plus deux royaumes, mais un seul pays : l'Egypte et un seul roi : le pharaon qui régnait sur tous les autres.
L'unité était donc faite !

Encore fallait-il que les roitelets des petites villes ne se saisissent pas de la première occasion pour renverser Pharaon !
Et bien, non ! Le pays ne se disloqua pas. Le pharaon et ses successeurs furent assez forts pour s'imposer à tous pendant 1000 ans.
En 1000 ans (de 3300 à 2300) on a le temps de faire des choses! Construire des pyramides par exemple ! La plus ancienne pyramide que nous ayons conservée est celle de Saqqarah. C'est une pyramide à degrés (en escaliers). C'est là que fut enterré Djoser, l'un des tous premiers pharaons. On imaginait à l'époque que le roi à sa mort « remontait » vers son père, le soleil. Pour lui faciliter cette escalade, on avait conçu sa tombe comme une immense échelle de pierre « appuyée » contre le ciel...
Un peu plus tard on éleva également les pyramides de Kéops, de Képhren et de Mykérinos. Et cette fois, les architectes ont voulu représenter dans la pierre la forme que prennent les rayons du soleil couchant quand ils traversent les nuages...
De tels monuments n'existent que parce que les Egyptiens croient que les rois ne continuent de vivre après leur mort que si leurs corps ne subissent aucune dégradation (c'est pour cela qu'on les momifie et qu'on les protège sous des tonnes de pierre...).

Des troubles...
au retour à l'ordre !

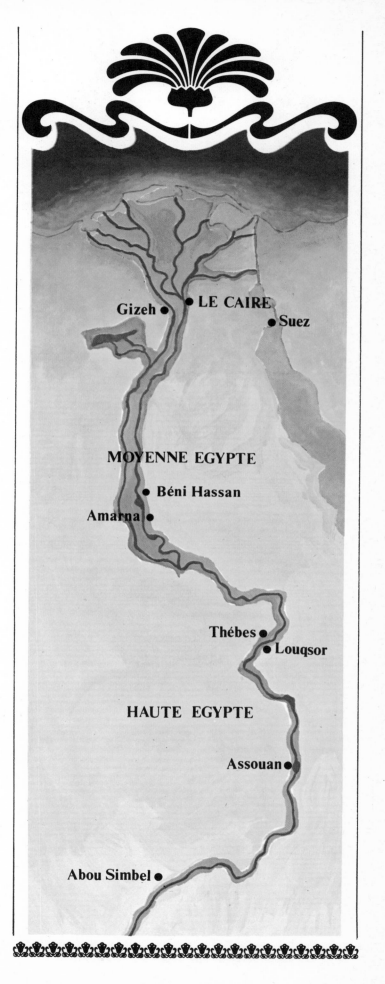

MENES

CHEOPS

NEFERTITI

TOUTANKHAMON

Les pharaons installèrent leur capitale dans le nord du pays. Comme le pays est très long (plus de 800 km) et que les communications sont lentes (on ne connaît pas le char attelé de chevaux), les rois du sud en profitent pour prendre de l'importance... Pendant 250 ans, ils luttent contre le Nord. Et finalement les rois Thébains (de la ville de Thèbes au Sud) l'emportèrent. Que firent-ils alors ? Ils s'installèrent sur le trône du Nord avec la ferme intention de gouverner l'ensemble du pays...

Un nouveau règne commença, un nouvel empire s'établit. Et celui-ci allait durer trois siècles.

Cette période est remarquable. Car on lui doit d'avoir développé deux choses. D'une part la peinture. Et d'autre part le culte d'Osiris.

Le développement de la peinture nous a valu les chefs-d'œuvres qui recouvrent les murs des tombeaux des « grands » de l'Egypte (la nécropole de Beni-Hasan).

Le culte d'Osiris élargit la foi en la survie (qui était d'abord réservée à Pharaon uniquement) à tous les Egyptiens. Donc tout le monde peut survivre s'il réussit à passer avec succès devant le tribunal d'Osiris dont la fonction est de juger les mérites de chacun...

Les Hyksos

Ce qui sema à nouveau le trouble dans le royaume d'Egypte fut l'arrivée des « étrangers » (en égyptien : les hyksos). Leur supériorité tenait essentiellement à leur armée : ils possédaient des chars tirés par des chevaux. Les pharaons durent leur abandonner tout le nord du pays (le delta) pendant deux siècles.

Cette période fut l'une des plus noires de l'Egypte. Les pharaons pouvaient disparaître à jamais... Il aurait suffit que les Hyksos poursuivent leur avantage... Mais cela ne se produisit pas !

Le nouvel empire

Finalement, le fils du roi de Thèbes, Amosis, expulsa les Hyksos de son pays et créa le nouvel empire. Ce dernier dura 5 siècles : de 1580 à 1085.

C'est durant cette période que régnèrent la reine Hatchepsout, les pharaons Akhnaton, Toutankamon et Ramsès II.

Si nous citons ces quelques personnages parmi des dizaines d'autres pharaons, c'est en raison de leurs caractères singuliers.

Les dominations étrangères

1. La domination romaine

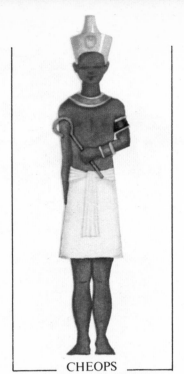

Au moment où la trop belle Cléopâtre est sur le trône d'Egypte, c'est Rome qui gouverne le monde. Tout n'allait pas au mieux à la tête de cet empire. Octave et Antoine rivalisaient. On décida de couper le gâteau en deux. Antoine obtint Rome et l'Occident (gaule, etc...) et Antoine l'Orient. Le pauvre homme tomba amoureux de Cléopâtre! Celle-ci rêvait d'un grand empire sous domination égyptienne. Antoine lui offrit! Mais Octave revint mettre de l'ordre dans le royaume. Antoine et Cléopâtre vaincus se suicidèrent. Nous étions en 30 avant J.C...

2. La domination arabe

Les siècles passèrent. Rome s'effondra. L'Egypte passa sous la domination de plusieurs pays étrangers. Puis devant la formidable pression des conquérants arabes nouvellement convertis à l'Islam, elle fut conquise en 642.

Rapidement, les égyptiens adoptèrent et la langue et la religion de leurs envahisseurs. Le Caire devint l'une des plus belles villes de l'Islam sous le contrôle de la secte musulmane des Shi'ites Fatimides. Celà en 969 après J.C.

RAMSES II

ALEXANDRE

CLEOPATRE

NASSER

Hatchepsout

De nombreuses statues égyptiennes nous montrent l'homme et la femme se tenant l'un près de l'autre. Est-ce bien surprenant ? Oui ! Car c'est le signe que l'Egypte ancienne n'a pas méprisé la femme à la différence d'autres civilisations (les grecs notamment !). Qu'une femme, la reine Hatchepsout, ait pu diriger le pays à l'égal d'un homme, en est la preuve. N'oublions pas que les pharaons étaient considérés comme les « fils » du dieu soleil. A ce titre, les pharaons étaient des dieux (tel père, tel fils !). Qu'une femme soit « pharaonne »

signifiait que les Egyptiens pensaient que même une femme pouvait être élevée à la dignité de « dieu » ou de « déesse »...

Akhnaton

C'est l'un des rois les plus étonnants de l'histoire de l'Egypte. D'une part il eut l'excellent goût de choisir pour épouse la belle Néfertiti !...
D'autre part, il entreprit une véritable révolution religieuse.
Son pays possédait une foule de dieux. Il voulut que son peuple n'en adore plus qu'un : le disque du soleil. La capitale de l'Egypte sous le nouvel

empire était Thèbes... Il décida d'en créer une nouvelle à Akhetaton (aujourd'hui Tell-el-Amarna).
Il voulut aussi que ses sujets vivent d'une autre facon, qu'ils rompent avec leurs anciennes habitudes... En art, la statuaire était un peu figée, sévère... Il demanda aux artistes de représenter les hommes tels qu'ils sont, avec réalisme.
Il écrivit un poème, l'Hymne au Soleil, qui est un très grand texte mystique. Mais il n'eut pas le temps de mener à bien toutes ses réformes et son successeur, le célèbre mais modeste Toutankamon, s'empressa

de revenir aux anciennes traditions !

Ramsès II

C'est l'un des plus grands rois de l'Egypte pharaonique. Il régna pendant 65 ans. Il rétablit la paix avec ses voisins querelleurs. Il multiplia les travaux de création et de rénovation des grands monuments du pays.

La fin...

Après Ramsès, les pharaons assistèrent à la lente décomposition du pays. A nouveau, des rivalités entre le nord et le sud divisèrent l'Egypte. Puis les Assyriens, les Perses et les Grecs dominèrent le royaume...

De 30 ans av. JC.... à nos jours

3. Napoléon

L'Egypte était passé sous la domination de la Turquie

qui elle-même avait des relations privilégiées avec l'Angleterre. Pour combattre l'influence des anglais en méditerranée la France envoya Bonaparte. Celui-ci battit et les turcs et les égyptiens, mais sa flotte fut détruite par le célèbre amiral anglais Nelson. Succéda alors une période de désordres auxquels mit fin Muhammad Ali.

4. Les Anglais

Muhammad Ali libéra son pays de l'emprise turque, mais provoquant le développement de son pays avec l'apport des capitaux étran-

gers et notamment anglais, l'Angleterre devint à nouveau maîtresse de l'Egypte ! Et ce n'est qu'en 1953, avec le colonel Nasser qu'elle put se libérer totalement de la tutelle anglaise... L'influence anglaise avait duré pendant un siècle et demi ! Avec Nasser, l'Égypte, depuis les pharaons, était de nouveau dirigé par un égyptien !

ASTROLOGIE & ASTRONOMIE

L'astrologie observe le mouvement des astres dans le ciel pour déterminer l'influence qu'ils peuvent avoir sur le caractère et le destin des hommes. L'astronomie est une science dont le but est la connaissance précise des étoiles, des corps célestes (dont notre terre !) et de la structure de l'univers. Autrement dit, on consulte un astrologue pour connaître son caractère ou son avenir, mais on consulte un astronome pour connaître les astres.

Mais à l'époque des Egyptiens, l'astronome et l'astrologue faisaient la même chose. Ils étudiaient « scientifiquement » le ciel pour prévoir le destin des rois et décider des grandes actions à entreprendre...

Le compas dans l'œil !

Les Egyptiens et surtout leurs voisins, les Babyloniens, furent les premiers à observer méthodiquement les astres. Certes, ils n'avaient ni jumelles puissantes, ni longues-vues, ni lunettes astronomiques ! Mais ils possédaient d'excellents yeux...

Mais pourquoi observaient-ils le ciel ? Au tout début, c'était dans un but très matériel : pour avoir de bonnes récoltes !

Egyptiens et Babyloniens étaient des agriculteurs. Ce qu'ils voulaient savoir, c'est à quel moment précis de l'année ils devaient semer.

Car depuis fort longtemps, ils avaient remarqué que la lune (et sa place dans le ciel au milieu des étoiles) avait une influence directe sur la qualité des moissons.

On ne sème pas n'importe quand dans l'année. Et ce jour précis, on le connaît en observant le ciel !

Ils avaient constaté aussi que les constellations changent de place selon les saisons. En été, la constellation qui apparaît la première au coucher du soleil n'est pas la même qu'en hiver...

La lune aussi bouge et change de forme : pleine lune, premier quartier, second quartier, lune rousse, etc.

L'astrologie est donc née d'un souci précis : survivre et pour cela obtenir les meilleures récoltes possibles. (Les paysans d'aujourd'hui consultent aussi le ciel avant d'entreprendre les principaux travaux des champs !)

Le message des dieux.

Mais nos vénérables ancêtres étaient des hommes très religieux. Ils adoraient le soleil, la lune, certains animaux, etc. Quand ils voient que la carte du ciel se modifie, ils en concluent que ce sont les dieux qui opèrent ces changements pour prévenir les hommes de ce qu'il faut faire ou ne pas faire...

Et si la lune et la position des étoiles ont une influence sur les récoltes, pourquoi ne pas penser qu'elles ont une influence sur toute la vie des hommes. C'est ainsi que les rois babyloniens et les pharaons vont trouver les astrologues avant de déclarer la guerre, de conduire une bataille ou de créer une ville nouvelle.

Les astrologues lèvent le nez et déchiffrent sur le grand livre de la nuit la volonté que les dieux y ont imprimée en lettres d'étoiles !

La promenade des planètes...

Les Babyloniens étaient plus fins observateurs que les Egyptiens. Ils avaient établi pour chaque saison une carte précise du ciel qu'ils avaient divisé en douze signes principaux : les signes du zodiaque.

Et à bien scruter le ciel, ils avaient remarqué que les planètes gambadaient allègrement au milieu des constellations ! Ainsi, certains mois, Vénus apparaissait dans le signe du Bélier... Saturne lui, faisait un tour du côté du Cancer, etc. Et d'heure en heure la position des planètes dans le ciel se modifiait... Ces apparitions des planètes dans des signes différents ne pouvaient pas être sans signification ! Et on pensait que les dieux « téléphonaient » ainsi aux hommes leur volonté et donc le secret de leurs destinées...

Ainsi établirent-ils les premiers horoscopes, c'est-à-dire la destinée prévisible d'un homme en fonction de sa date de naissance et de l'heure de celle-ci.

Aujourd'hui, chacun peut demander une étude de son horoscope. A l'époque des Babyloniens, seuls les rois avaient l'honneur de recevoir des dieux les messages astraux de leur royal avenir.

Peut-on croire aujourd'hui à l'astrologie ?

Les avis sont partagés. Les planètes et les étoiles ont-elles une influence réelle sur notre vie, sur notre caractère ? Peut-on connaître partiellement notre avenir en interrogeant le grand livre étoilé de l'univers ? L'astrologie est-elle une science, un art, une vaste supercherie ? C'est à chacun de répondre.

Astronomie.

Ecartons maintenant l'interprétation que les prêtres de Babylone élaboraient à partir de l'observation du ciel. Et ne gardons que leurs conclusions « scientifiques ».

Ces conclusions relèvent de la science de l'astronomie. Ce sont eux qui ont découvert que l'année avait 365 jours et quelques heures. Et surtout, en constatant la régularité des saisons, le retour des constellations à date fixe, ils nous ont appris un certain ORDRE du monde.

Sans le savoir, ils préparaient la route aux savants grecs qui tirèrent des conclusions plus rationnelles de l'observation du ciel et à leurs successeurs qui montreront que le cours des astres et des planètes est réglé par des lois mathématiques.

Ainsi les premières observations naïves de la nuit préparaient les premiers pas de l'homme sur le sol lunaire...

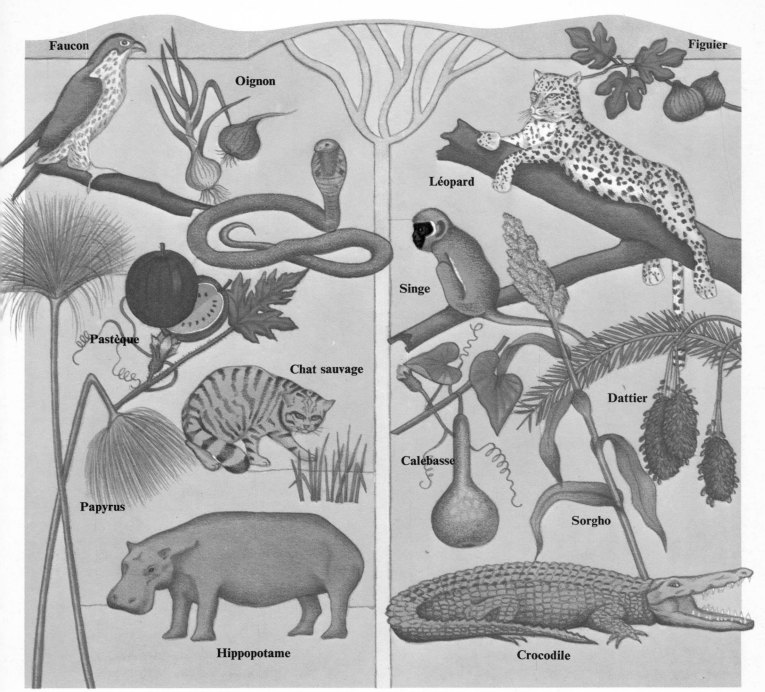

Faucon

Oignon

Figuier

Léopard

Singe

Pastèque

Chat sauvage

Dattier

Papyrus

Calebasse

Sorgho

Hippopotame

Crocodile

FAUNE et FLORE

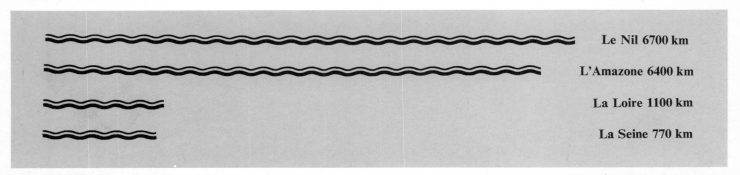

Le Nil 6700 km

L'Amazone 6400 km

La Loire 1100 km

La Seine 770 km

LE PLUS GRAND FLEUVE DU MONDE

L'ÉGYPTE D'AUJOURD'HUI

Capitale

Le Caire est une ville immense, grouillante et nauséabonde ! Près du quart de la population égyptienne s'y entasse : 8 millions d'habitants. Il est inutile de demander à un certain nombre des « cairotes » (habitants du Caire) une adresse ou leur lieu de travail... Ils habitent les bidonvilles qui ceinturent la capitale et ils sont sans emploi !

Situation sociale

La situation des femmes n'est guère enviable surtout dans les milieux les plus pauvres. Des naissances répétées les vieillissent avant l'âge. Et la loi coranique (religion musulmane) donne à l'homme tous les droits : il peut battre sa femme et en prendre plusieurs ! Et il ne se prive d'aucun de ces deux « avantages » !

Le luxe de l'Egyptien, c'est le transistor. C'est par lui que l'ancien président, le colonel Nasser, a pu, dans les périodes tragiques que son pays traversait, galvaniser l'énergie et le moral de ses compatriotes.

Il faut savoir encore que le salaire d'un ministre correspond à celui d'une vendeuse de grand magasin en Europe (environ 2 000 F). Un grand fonctionnaire ou un ingénieur gagnaient en 1978 entre 300 et 400 F par mois...

Emigration

La faiblesse des revenus explique qu'un bon nombre d'égyptiens quittent leur pays pour aller travailler dans les émirats du golfe Persique et sur les champs de pétrole des états environnants.

Ceux qui restent ne s'en sortent que grâce aux dons en nature de quelque parent fellah (paysan). C'est un cas fréquent. Mais malheur à ceux qui n'ont pas cette chance ! Les touristes s'étonnent et s'agacent d'être sans

cesse sollicités par les enfants comme par les adultes. C'est qu'en Egypte le « bakchich » (le pourboire) apporte même aux salariés le complément indispensable d'argent pour « boucler » le mois !

Un désir de Paix

La pauvreté du pays tient en grande partie à l'effort de guerre qu'il supporte depuis 1948, date de la création de l'Etat d'Israël.

Presque le quart du budget annuel est englouti dans l'entretien de l'armée et de l'armement.

On comprend dans cette situation les louables efforts du président Anouar al Sadate pour en finir avec un conflit qui épuise son peuple. La fin des hostilités permettrait d'entreprendre la construction d'industries dont le pays a un besoin vital.

Mais malgré cette misère, l'Egyptien n'est pas un homme triste, accablé, sans espoir. On est même surpris de sa joie de vivre et de son optimisme.

LE PLUS VIEUX PAYS DU MONDE...

Il semble que les Egyptiens d'aujourd'hui, descendants directs des hommes qui vécurent sous les pharaons en aient conservé la sagesse. Les habitants du plus vieux pays du monde ont derrière eux plus de 5000 ans d'histoire ! De quoi rendre "philosophes" ceux à qui le Nil redit chaque année que sécheresse et pauvreté sont toujours suivies d'abondance et de bonheur...

DE L'EAU POUR VIVRE !

L'Egypte compte aujourd'hui 40 millions d'habitants. Et chaque année, ce sont près d'un million de bouches nouvelles qu'il faut nourrir ! Mais avec quoi ? Où trouver la nourriture ? Et comment donner du travail à tous ?

Ah ! Si l'on avait de l'eau, on pourrait en faire des choses ! D'abord, on la mettrait en réserve. Au pied de cette réserve, on installerait des turbines ! Et ces turbines produiraient des tonnes d'électricité ! De quoi alimenter des milliers d'usines !... Et puis, l'eau stockée, on la conduirait vers les terres assoiffées pour les rendre fertiles. On pourrait même lutter contre le désert et lui faire produire des fruits et des légumes...

L'eau, il y en a, dans le Nil ! Mais ses crues sont irrégulières. Trop hautes, c'est la catastrophe ! Trop basses, c'est le désastre ! Il faudrait régulariser son débit...

Ce sont toutes ces raisons qui décident Nasser à faire entreprendre par les ingénieurs russes la construction d'un immense barrage, à Assouan, à 800 km du Caire. Les travaux durent 10 ans (de 1962 à 1972) pendant lesquels 35 000 ouvriers et 3 000 ingénieurs travaillent jour et nuit ! Les résultats sont là. L'eau stockée a permis de faire 2 à 3 récoltes par an. On a arraché au désert 300 000 hectares et l'on a mis en culture 500 000 hectares de terres nouvelles soit en tout une superficie égale à celle de la Corse !

Mais de graves questions se posent. Dix milliards de mètres cubes d'eau sont suspendus au-dessus de la tête des Egyptiens. Qu'arriverait-il en cas de bombardement ou de tremblement de terre ?... De plus, ces masses énormes d'eau s'évaporent, et le climat devient plus humide : l'équi-

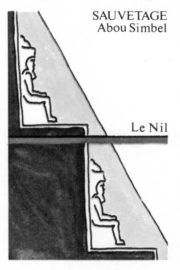

SAUVETAGE
Abou Simbel

Le Nil

libre écologique est rompu. C'est encore l'écologiste qui constate que le limon (boue fertile) répandu chaque année par le Nil est maintenant retenu par le barrage qui ne laisse plus passer que de l'eau claire. Il faut remplacer le limon par des engrais! C'est encore l'équilibre écologique millénaire qui est bouleversé...

Enfin, il a fallu dépenser des milliards pour déplacer des monuments que l'eau du barrage aurait submergés. L'Unesco (Organisation des Nations Unies pour l'éducation, la science et la culture) fut l'énergique entrepreneur de ce délicat travail. Néanmoins, des sites archéologiques sont maintenant engloutis. Ils auraient peut-être révélé des choses importantes pour la connaissance de l'Egypte ancienne ?...

On est en droit de s'interroger... Et si les hommes s'étaient trompés en modifiant par cet énorme barrage le fragile équilibre de la nature ?...

LE DESERT AVANCE !

Il y a seulement quelques milliers d'années, le Sahara possédait de grands lacs où vivaient hippopotames et crocodiles, et des hommes. Près des lacs, il y avait des cités.

Aujourd'hui, lacs, hommes, cités, ont disparu. La marche dévastatrice du sable et la sécheresse croissante du climat ont tout détruit. L'Egypte est un désert dont seul le Nil et ses abords permettent que les hommes s'y maintiennent. Mais un monstre de dunes et de sable, le désert libyque à l'ouest, la menace d'étouffement...

On a mesuré récemment sa progression. Elle est variable. Mais ces dernières années, c'est avec une régularité de 26 mètres par an qu'il recouvre les terres cultivables... Il faut l'en empêcher ! On sait comment combattre ce fléau : il faut irriguer les terres et mettre des plantations qui

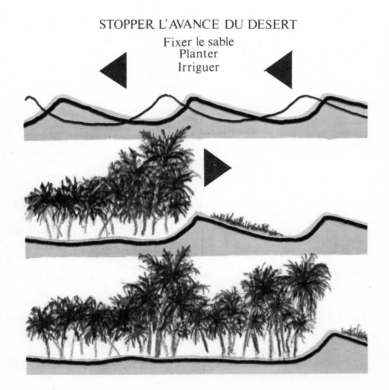

STOPPER L'AVANCE DU DESERT

Fixer le sable
Planter
Irriguer

stoppent la marche des dunes.

Cette situation n'est pas propre à l'Egypte. Partout dans le monde, les déserts progressent : en Afrique, les pays du Sahel sont atteints (sahel veut dire littoral, bordure, il désigne une zone de transition entre le désert et les zones où les pluies sont régulières). Ces pays sont : l'Ethiopie, le Soudan, le Tchad, le Niger, le Mali, la Haute-Volta et le Sénégal... En Asie, à l'ouest de l'Inde... En Europe orientale (URSS), en Amérique du Nord et du Sud... Cette désertification tient à deux phénomènes principaux : une action souvent dévastatrice des hommes et depuis un siècle une évolution du climat vers la sécheresse.

des dieux,

HORUS
L'un des nombreux dieux
à tête de faucon, régnant
sur le ciel et les astres
tombeau de Ramsès 1er,
environ 1100 avant J.C.)

ISIS
La plus vénérée des divinités
égyptiennes, mère de la nature
(bas-relief du musée du Caire)

ANUBIS
Chien noir ou chacal
guide et gardien des morts
(tombeau de Toutankhamon,
environ 1340 avant J.C.)

Bruno LE SOURD.

et des rois

RAMSÈS II
(1301 à 1325
avant J.C.)
Statue de
granit
du pharaon
batisseur.
(Celui de
notre
histoire.)
(musée
égyptien
de Turin)

TOUTANKHAMON
(1361-1342 avant J.C.)
Masque d'or de la momie
du pharaon à 20 ans
(musée du Caire)

NEFERTITI
Statue de la femme du pharaon
Akhnaton, en calcaire peint
(musée de Berlin,
environ 1400 avant J.C.)

ÉGYPTOLOGIE

A LA DÉCOUVERTE DE L'ÉGYPTE ANCIENNE

Comment ne pas s'étonner qu'une obélisque égyptienne trône au centre de Paris, place de la Concorde ? Comment ne pas être surpris des dizaines de salles du Musée du Louvre qui nous offrent des statues, des colonnes, des tombeaux, des objets, etc., rapportés d'Egypte ?

Napoléon

D'où vient l'intérêt des Français pour les pharaons ? Il tient en partie aux conséquences de l'expédition d'Egypte organisée par Bonaparte en 1798.

Outre des soldats, le général emporta dans ses bateaux une équipe de savants.

Ces derniers, à leur retour, publièrent un livre qui eut un énorme succès : « Description de l'Egypte ». On multiplia par la suite recherches et expéditions...

Champolion

Champollion, un jeune grenoblois remarquablement doué pour les langues, traduisit le premier les hiéroglyphes en 1822. L'Egypte étonnait et inquiétait. On prétendait que ceux qui pénétraient les premiers dans les tombeaux mouraient mystérieusement.

Temoignages

On s'émerveille aussi. Ne découvre-t-on pas sous le sable, des objets enfouis depuis plus de 3000 ans et qui sont restés tels que les pharaons les avaient touchés, aimés, emportés dans la mort...

Pour la première fois dans l'histoire, des hommes interrogeaient leur passé le plus ancien et le découvraient avec passion.

RAMSÈS SAUVÉ DES MICROBES

Il y a plus de 3000 ans, Ramsès II mourait. C'est le sort de tout homme. Et comme Ramsès était pharaon, il eut droit à une momification de première classe. Aromates, bandelettes et sarcophage de premier choix.

Enrubanné, aromatisé, enfermé dans son sarcophage, le défunt fut installé dans son tombeau, dans la Vallée des Rois près de Thèbes... Et sa brave momie ne demandait qu'une chose, y demeurer tranquillement toute l'éternité !

Les pilleurs

C'était compter sans les pilleurs de tombes qui moins de deux siècles après l'enterrement firent une indiscrète visite au pharaon ! Ils volèrent les bijoux et malmenèrent la momie... Les prêtres de Thèbes durent réparer les dégâts et fignoler une nouvelle momification. Le travail fut bien fait. Et pharaon traversa sans dommage les années, les siècles, les millénaires !... jusqu'en 1871.

Deterioration

A cette époque, un fellah découvre son tombeau et vend quelques-uns des objets précieux qu'il y trouve. Aussitôt les égyptologues, voyant ces objets rares, s'inquiètent. Le fellah est dénoncé. Et pour sauver la momie de Ramsès II, on la transporte au musée du Caire. Là, en quelques dizaines d'années, elle se détériore. Les microbes apportés par les visiteurs, l'humidité de la salle, la menacent d'une destruction définitive.

Le voyage

C'est le Musée de l'Homme à Paris qui se voit confier la tâche délicate de sauver Ramsès II ! Un avion spécial conduit la momie du Caire à Paris. Mme Alice Saunier-Seité (secrétaire d'Etat aux universités) l'accueille le 26 septembre 1976 au Bourget. On transporte aussitôt le souverain au Musée de l'Homme où une salle a été spécialement préparée pour le recevoir. Il y restera pendant 7 mois à une température de 19°, dans une humidité relative ; il sera gardé et surveillé nuit et jour.

Le traitement

Une équipe d'éminents chercheurs se penche sur le pharaon. Plusieurs laboratoires analysent les poussières retenues sur les bandelettes, les cheveux, le cœur, les os, les dents, la colonne vertébrale... Finalement, on découvre que Ramsès II était la proie de quelques 90 espèces différentes de champignons. Il faut détruire ces champignons et protéger la momie, l'immuniser contre leur attaque possible. Pour cela, le Commissariat à l'énergie atomique propose ses services. Il peut combattre le mal qui ronge la momie en la stérilisant grâce à des rayons (cobalt 60). Cette solution est testée sur des échantillons. Comme elle présente des garanties réelles d'efficacité, on l'applique à Ramsès II. Le traitement terminé, on place Ramsès II sous une bulle de plastique gonflée d'air pour le ramener par avion au musée du Caire.

La pollution

Les soins extraordinaires que nous, hommes du XXe siècle, avons déployé pour sauver la momie de Ramsès II qui avait passé presque 3000 ans sans dommage, font réfléchir. Savez-vous que les grottes de Lascaux ont dû être fermées au public, car les magnifiques peintures rupestres disparaissaient sous l'effet de l'humidité apportée par l'haleine des visiteurs... Savez-vous que le gaz carbonique qui s'échappe des voitures attaque la pierre des cathédrales et des bâtiments qui avaient réussi à franchir les siècles sans se dégrader... Et l'on pourrait citer bien d'autres exemples où l'homme détruit en quelques années ce que le temps a conservé intact pendant des millénaires !

L'héritage

Par manque de précautions, l'objet même de son admiration, l'héritage dont les anciens ont pris tellement de soins, risque de disparaître à jamais...

OBÉLISQUE

Pour transporter d'Egypte en France la célèbre obélisque de Louxor, il n'aurait fallu rien moins que la force... d'Obélix lui-même !

Longue de 23 mètres et d'une seule pièce, lourde de 220 tonnes, l'obélisque demanda plus de 4 ans d'ef-

forts pour arriver dans la capitale française (de 1829 à 1833).

Un bel exploit dû à l'ingénieur Jean-Baptiste Lebas.

Maquette du Musée de la Marine

HIEROGLYPHES

Ré et Râ

Ré et Râ sont les deux noms d'un seul et même dieu : le soleil.

L'orthographe de ces noms anciens est très variable car les Egyptiens n'avaient pas d'alphabet. Les hiéroglyphes sont une combinaison d'images et de sons.

Pour traduire ces sons en français, on est amené à varier l'orthographe des mots : ainsi Toutankamon s'écrit aussi Toutankhamon ; la saison Chemou : Shemou et même Chemout ! etc.

LA MYTHOLOGIE

**Qui a créé le monde ? Qui a allumé les étoiles ? Qui parle dans le vent ?...
Que font les morts ? Où vont-ils ? Sont-ils jugés ? Comment est l'Au-delà ?...**

Aujourd'hui comme hier, les hommes se posent ces questions. Leurs réponses varient. Les peuples anciens, eux, créèrent les récits mythologiques pour expliquer ces grandes énigmes.

La mythologie est l'histoire des dieux. Et ces dieux ressemblent étrangement aux hommes. Comme eux, ils sont partagés entre le bien et le mal, la bonté et la violence, l'amour et la haine.

Et les hommes croyaient vraiment que les dieux existaient, que les récits « mythologiques » disaient les choses telles qu'elles s'étaient réellement passées...

Mais approchons-nous d'un scribe... Nous sommes à Thèbes, il y a 4000 ans... Autour de lui, les petits écoliers égyptiens écoutent et posent des questions...

— **Et qui a créé le monde ?**

— ... Le dieu Geb et sa sœur Nut vivaient étroitement unis. Ré, le maître du ciel, leur ordonna de se séparer. Un grand vent souleva Nut dans l'air. Et son corps constellé d'étoiles apparut dans le ciel.

— **Et Geb ?**

— ... Geb resta en bas, formant de ses bras, de ses jambes et de sa poitrine, les vallées, les collines et les montagnes de la terre.

— **Mais que fait Ré ?**

— Tout le jour, Ré parcourt sur sa barque le Nil céleste qui coule sur le corps de Nut. Le soir, Nut avale le soleil.

— **Ré meurt !**

— ... Non ! car chaque matin, Nut le remet au monde...
C'est lui, Ré, qui a créé le monde. Et c'est vers lui que les grands sphinx tournent leur regard. Chaque jour, Ré leur dispense la douceur et la lumière de ses premiers rayons...

— **Et que fait-il pendant la nuit ?**

— Après avoir vogué toute la journée sur sa barque à travers le ciel, le soir venu, Ré monte dans une autre barque tirée par les morts et il voyage ainsi sur le grand fleuve des ténèbres dans l'au-delà...

— **Mais pourquoi à Thèbes, nous adorons Amon ?**

— Chaque ville d'Egypte a son dieu protecteur. Le dieu qui veille sur notre cité, c'est Amon. Grâce à lui, notre ville est devenue la capitale du Royaume.

— **Donc Amon est le plus grand de tous les dieux !**

— Amon est aussi grand que Ré. C'est pour cela que les prêtres de Thèbes les ont associés dans un même culte : le culte d'Amon-Ré.

— **Parle-nous d'Isis...**

— Isis est une déesse aimante. Elle épousa un jour Osiris et ils furent ensemble très heureux et très unis. Malheureusement, Osiris avait un frère fort jaloux : Seth. Et Seth le tua ! Il découpa le corps d'Osiris et le dispersa dans le monde. Mais il n'avait pas songé à l'amour profond qui liait Isis à son mari... Partiemment, elle se mit à la recherche de chacun des morceaux du corps d'Osiris. Et après un long chemin et beaucoup de peine, elle les retrouva tous, sauf un que les poissons avaient dévoré. Elle rassembla tous ces morceaux et ressuscita ainsi Osiris.

— **Et qui est Horus ?**

— C'est l'enfant qu'elle eut d'Osiris après qu'il fut ressuscité... Horus n'eut qu'une hâte : devenir grand pour venger son père. C'est ce qu'il fit, Horus tua Seth.

— **Mais pourquoi Isis est si populaire en Egypte ?**

— A cause de son amour! Quand le corps d'un être est découpé en morceaux, il pourrit et il ne peut continuer à vivre dans l'Au-delà. Le meurtre de Seth menaçait Osiris de cette mort définitive. Mais Isis a su reconstituer le corps de celui qu'elle aimait, le faire revivre !

— **Grâce à Anubis ?**

— C'est vrai, sans l'aide de ce dieu, Isis n'aurait pu retrouver son mari. C'est Anubis (qui ressemble à un chacal ou à un lévrier) qui aida Isis à rechercher le corps d'Osiris. Et il inventa les procédés secrets de la momification qui assurent aux morts la vie dans l'Au-delà.

— **Et s'il n'y avait pas de momification ?**

— Il n'y aurait pas de survie !

— **C'est vrai que si l'on agit mal, on est dévoré par un monstre ?...**

— Oui ! A notre mort, nous sommes conduits devant le tribunal d'Osiris. Il y a là une grande balance. Anubis prend notre cœur, siège de nos bonnes et nos mauvaises actions. Si ces dernières pèsent trop lourd, nous sommes aussitôt dévorés par un monstre à corps d'hippopotame et à gueule de lion... Sinon, nous continuons à vivre dans l'Au-delà.

DOCUMENTS A DECOUPER

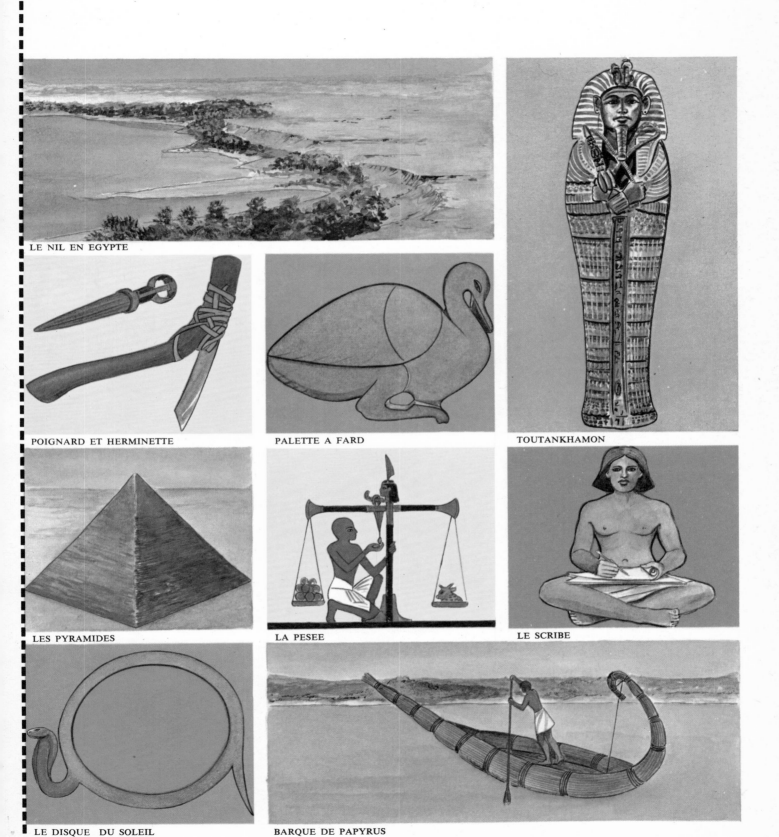

LE NIL EN EGYPTE

POIGNARD ET HERMINETTE

PALETTE A FARD

TOUTANKHAMON

LES PYRAMIDES

LA PESEE

LE SCRIBE

LE DISQUE DU SOLEIL

BARQUE DE PAPYRUS

LE NIL EN EGYPTE

Cette image nous révèle les trois caractères principaux du paysage égyptien : le Nil, une bande de terre cultivée et le désert tout proche.

Pour ne rien perdre des espaces cultivables, les maisons et les villages sont installés à la limite des crues du Nil, en zone désertique.

SARCOPHAGE DE TOUTANKHAMON

Toutankhamon n'est pas un grand pharaon. Il n'a régné qu'une dizaine d'années. Sa célébrité tient à la découverte de sa fabuleuse tombe en 1922, par l'anglais H. Carter.

Elle révéla au monde l'incroyable richesse des sépultures pharaoniques.

PALETTE A FARD

Dans l'Egypte ancienne, hommes et femmes se fardaient les yeux. Pour être beau ? Par élégance ? Sans doute... Mais aussi et surtout pour se protéger les yeux des brûlures du soleil, de la poussière et de la sueur.

Ici, une palette en forme de canard. Le canard est alors un animal familier.

POIGNARD ET HERMINETTE

Ce poignard plaqué d'or appartenait au pharaon Ahmosis. C'est une arme luxueuse qu'il ne portait que pour les grandes cérémonies.

Les poignards ordinaires étaient utilisés pour la guerre et la chasse. L'herminette est un outil qui sert à tailler le bois.

LE SCRIBE

Le scribe est l'un des personnages les plus importants de l'Egypte ancienne. Il sait lire et écrire. C'est un fonctionnaire le plus souvent.

On le voit ici dans une pose coutumière : assis, un papyrus sur les genoux et le calame (son stylo) à la main.

LA PESEE

Les Egyptiens à la différence d'autres peuples méditerranéens ne sont pas de grands commerçants.

Ici, un scribe effectue la pesée de rondelles de métal. A droite, un poids représentant un bœuf.

LES PYRAMIDES

Elles ont toujours suscité l'intérêt des touristes. Dès l'antiquité, grecs et romains aisés se rendaient volontiers sur les bords du Nil pour en apprécier les multiples curiosités. Les voleurs aussi aimaient les pyramides ! Ils y dérobaient des trésors d'or et d'argent qu'ils revendaient ensuite !

BARQUE DE PAPYRUS

Le papyrus croît à profusion dans le delta. On s'en sert pour réaliser le « papier » sur lequel les scribes inscriront une foule de notes...

On l'utilise aussi pour faire des embarcations légères.

LE DISQUE DU SOLEIL

Pour ses manifestations en public, pharaon se ceint la tête de l'uraeus (le serpent), emblème de son pouvoir. Quand Akhnaton entoure le dieu-soleil d'un serpent, il veut montrer à son peuple que le disque solaire qui doit être vénéré comme le plus grand et l'unique dieu, a pouvoir sur tout.